VILLE DE SAINT-QUENTIN

Actes Constitutifs

de

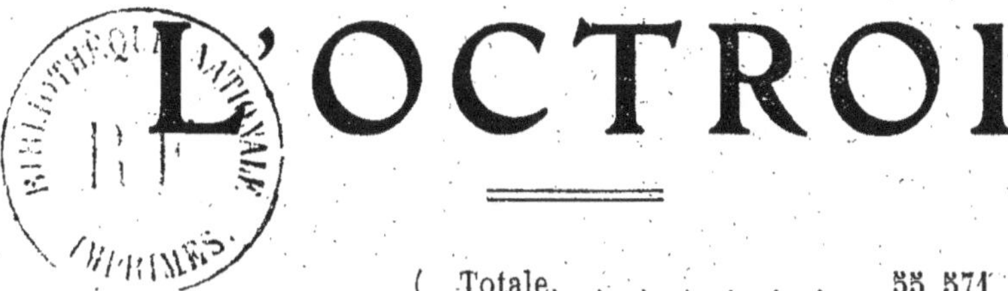

L'OCTROI

POPULATION
- Totale 55.571
- Agglomérée 52 509

(Décret du 30 Décembre 1911)

Population soumise à l'Octroi 55.571

Règlement et Tarif

Approuvés par délibération du Conseil municipal
du 17 Février 1913
Par décret du 31 Décembre 1913
et rendus exécutoires par arrêté municipal en date
du 2 Janvier 1914.

SAINT-QUENTIN

IMPRIMERIE DU GUETTEUR, RUE CROIX-BELLE-PORTE

1914

Ville de Saint-Quentin

RÈGLEMENT & TARIF

de

L'OCTROI

VILLE DE SAINT-QUENTIN

Actes Constitutifs

de

L'OCTROI

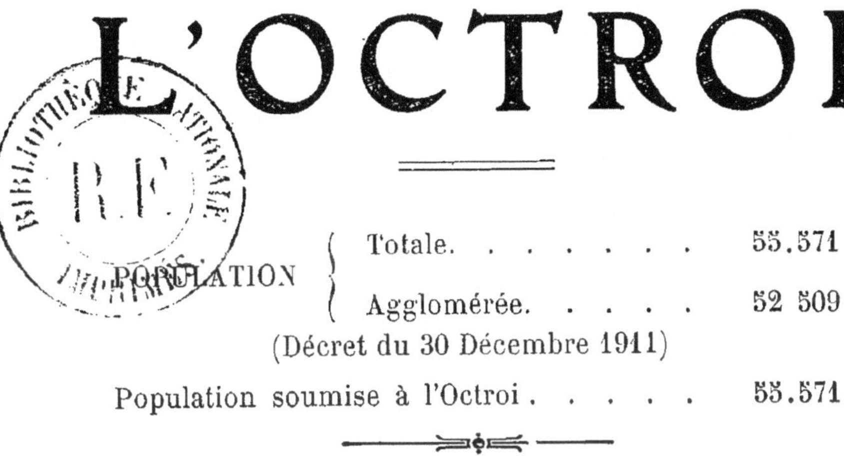

POPULATION
- Totale 55.571
- Agglomérée 52 509

(Décret du 30 Décembre 1911)

Population soumise à l'Octroi 55.571

Règlement et Tarif

Approuvés par délibération du Conseil municipal
du 17 Février 1913
Par décret du 31 Décembre 1913
et rendus exécutoires par arrêté municipal en date
du 2 Janvier 1914.

SAINT-QUENTIN

IMPRIMERIE DU GUETTEUR, RUE CROIX-BELLE-PORTE

1914

VILLE DE SAINT-QUENTIN (Aisne)

Règlement et Tarif de l'Octroi

POPULATION { Totale 55.571
Agglomérée 52.509

(Décret du 30 Décembre 1911)

Population soumise à l'Octroi. 55.571

RÈGLEMENT ET TARIF

Approuvés par délibération du Conseil municipal du 17 Février 1913, par décret du 31 Décembre 1913 et rendus exécutoires par arrêté municipal en date du 2 Janvier 1914.

CHAPITRE PREMIER

§ Ier. — *De la Perception*

ARTICLE PREMIER

L'Octroi municipal et de bienfaisance établi dans la commune de Saint-Quentin, département de l'Aisne, sera perçu conformément au Tarif ci-annexé et d'après les dispositions du présent Règlement.

La perception se fera sur tous les objets compris au Tarif, et sur tous les consommateurs, sans aucune exception.

La surveillance immédiate de l'Octroi appartient au Maire, sous l'autorité de l'Administration supérieure.

La surveillance générale sera exercée par la Régie des Contributions indirectes.

ARTICLE 2

Le rayon de l'Octroi comprendra tout le territoire de la commune. Ses limites sont indiquées par des poteaux portant cette inscription : *Octroi de Saint-Quentin.*

Ces poteaux sont placés sur tous les points du périmètre où les routes, chemins ou voies prennent accès, savoir :

Le 1er, sur le chemin d'Harly ;

Le 2e, sur la route de Guise ;

Le 3e, sur l'ancien chemin de Ribemont ;

Le 4e, sur le chemin de Neuville ;

Le 5e, sur le chemin d'Itancourt ;

Le 6e, sur la route de La Fère, au viaduc du chemin de fer de Saint-Quentin à Guise ;

Le 7e, sur la route de Chauny, contre la voie du chemin de fer de Saint-Quentin à Guise ;

Le 8e, sur le chemin d'Essigny, contre la voie du chemin de fer de Saint-Quentin à Guise ;

Le 9e, sur le chemin de La Bielle, contre la voie du chemin de fer de Saint-Quentin à Guise ;

Le 10e, sur le chemin de Gauchy, au passage à niveau du chemin de fer de Saint-Quentin à Guise ;

Le 11e, sur le chemin de Gauchy à Oëstres ;

Le 12e, sur la digue droite du canal de Saint-Quentin ;

Le 13e, sur le chemin de Dallon ;

Le 14e, sur la route de Paris, à mi-côte de la montagne de l'Epine-de-Dallon ;

Le 15e, sur le chemin de Nesle ;

Le 16e, sur le chemin de Savy, à 500 mètres environ en deçà du passage à niveau du chemin de fer de Vélu-Bertincourt à Saint-Quentin ;

Le 17e, sur le chemin de Francilly ;

Le 18e, sur l'ancienne voie romaine conduisant à Holnon ;

Le 19e, sur le chemin du Bois-des-Roses ;

Le 20e, sur le chemin de Vermand ;

Le 21e, sur le chemin de Fayet ;

Le 22e, sur le chemin de Gricourt aux quatre chemins ;

Le 23e, sur la route de Cambrai, à mi-côte de la deuxième montagne ;

Le 24e, sur le chemin de Thorigny ;

Le 25e, sur le chemin de Lehaucourt ;

Le 26e, sur la route du Cateau, à la fourche du chemin des fermes de Brocourt ;

Le 27e, sur le chemin du Moulin-Brûlé, à quelques mètres en deçà de l'écluse du canal de Saint-Qnentin ;

Le 28e, sur le chemin de Rouvroy, entre le pont de la Somme et celui du canal de Saint-Quentin.

Les poteaux placés à l'entrée des chemins interdits porteront en caractères très apparents, la mention ci-après : « Chemin (ou passage) interdit aux objets soumis à l'octroi. »

ARTICLE 3

Les déclarations et la recette des droits se feront aux bureaux ci-après désignés, savoir :

1° Bureau de la route de La Fère (Sud) ;

2° Bureau de la route de Guise (Sud-Est) ;

3° Bureau du chemin de Rouvroy (Est) ;

4° Bureau de la route du Cateau (Nord-Est) ;

5° Bureau de la route de Cambrai (Nord) ;

6° Bureau de la route de Vermand (Nord-Ouest) ;

7° Bureau de la route de Savy (Ouest) ;

8° Bureau de Rocourt, sur la route de Paris (Sud-Ouest) ;

9° Bureau de la gare du chemin de fer du Nord (gare Petite-Vitesse) ;

10° Bureau de la gare du chemin de fer du Nord (gare Grande-Vitesse) ;

11° Bureau des Abattoirs (chemin de Gauchy) ;

12° Bureau central (Hôtel de Ville), pour la perception des droits constatés à l'intérieur.

Il y aura, en outre, deux bureaux-annexes où la recette se fera, savoir :

1° Vieux chemin de Morcourt, pour le compte du bureau de l'Est ;

2° Chemin de Fayet, pour le compte du bureau du Nord.

Ces bureaux seront indiqués par un tableau portant ces mots : BUREAU DE L'OCTROI. Ils seront ouverts tous les jours :

Pendant les mois de janvier, février, novembre et décembre, depuis sept heures du matin jusqu'à six heures du soir ;

Pendant les mois de mars, avril, septembre et octobre, depuis six heures du matin jusqu'à sept heures du soir ;

Pendant les mois de mai, juin, juillet et août, depuis cinq heures du matin jusqu'à huit heures du soir ;

Le bureau central, en tout temps, de neuf heures du matin à midi et de deux heures à six heures du soir, les dimanches et jours de fête exceptés.

Les objets compris au tarif, dont l'introduction aura lieu par terre, ne pourront entrer dans le rayon ci-dessus déterminé que par les points où sont placés les bureaux. Ceux qui arriveront par eau ne pourront être déchargés qu'après avoir été déclarés par les propriétaires ou conducteurs, et vérifiés par les préposés sur les bateaux mêmes. Toute introduction d'objets soumis à l'Octroi, qui aura lieu par d'autres points que ceux indiqués par le Règlement, ou en d'autres temps que pendant l'ouverture des bureaux, sera réputée frauduleuse et punie comme telle.

Les présents Tarif et Règlement seront affichés dans l'intérieur et à l'extérieur desdits bureaux.

§ II. — *Perception sur les Objets venant de l'extérieur*

ARTICLE 4

Tout porteur ou conducteur d'objets assujettis aux droits

d'Octroi sera tenu, avant de les introduire, d'en faire la
déclaration au bureau, de produire les congés, acquits-à-
caution, passavants, ainsi que les lettres de voiture, con-
naissements, chartes-parties ou toutes expéditions qui les
accompagnent, et d'acquitter les droits si les objets sont
destinés à la consommation du lieu, sous peine de la confiscation desdits objets et d'une amende de 100 à 200 francs.

Toute déclaration devra indiquer la nature, la quantité,
le poids et le nombre des objets introduits. La déclaration
des objets arrivant par eau contiendra la désignation du
lieu de déchargement, lequel ne pourra s'effectuer avant
le paiement des droits ou soumissions valable pour les
acquitter.

Article 5

Après la déclaration, les Préposés pourront faire toutes
les recherches, visites et vérifications nécessaires pour en
constater l'exactitude. Les conducteurs seront tenus de
souffrir et même de faciliter toutes les opérations relatives
auxdites vérifications.

Tout objet soumis à l'Octroi qui, nonobstant l'interpella-
tion faite par les Préposés, serait introduit sans avoir été
déclaré, ou sur une déclaration fausse, sera saisi ; les voitures, chevaux et autres moyens de transport seront également
ment saisis, à défaut par les contrevenants de consigner le
maximum de l'amende prononcée par l'article précédent,
ou de fournir caution valable.

Article 6

Il est défendu aux Employés, sous peine de destitution et
de tous dommages-intérêts, de faire usage de la sonde dans
la visite des malles, caisses et ballots annoncés contenir des
étoffes, linges et autres objets susceptibles d'être endom-
magés.

Dans ce cas, comme dans tous ceux où le contenu des
caisses et ballots serait inconnu et ne pourrait être vérifié

immédiatement, la vérification en sera faite dans les empla-
cements à ce destinés et déterminés par l'autorité locale.

ARTICLE 7

L'introduction ou la tentative d'introduction, dans le
rayon de l'Octroi, d'objets soumis aux droits, à l'aide d'ustensiles préparés ou de moyens disposés pour la fraude,
donnera lieu à l'arrestation du porteur ou conducteur desdits objets ; cette arrestation pourra être opérée par les
Préposés de l'Octroi.

ARTICLE 8

Lorsque, en vertu de l'article précédent, les Préposés
auront arrêté et constitué prisonnier un fraudeur, ils seront
tenus de le conduire sur-le-champ devant un officier de
police judiciaire, ou de le remettre à la force armée qui le
conduira devant le juge compétent, lequel statuera de
suite, par décision motivée, sur l'emprisonnement ou la
mise en liberté du prévenu.

Néanmoins, celui-ci sera immédiatement mis en liberté
s'il offre bonne et suffisante caution de se présenter en justice et d'acquitter l'amende encourue, ou s'il consigne
ladite amende.

ARTICLE 9

Les habitants des faubourgs et dépendances rurales com-
prises dans le rayon de l'Octroi et en dehors des bureaux ne
pourront introduire chez eux aucun objet compris au Tarif,
avant d'en avoir fait la déclaration au bureau les plus voisin
et d'en avoir acquitté les droits, sous les peine édictées en
l'article 4 du présent Règlement.

Si les objets sont transportés sur des voitures susceptibles de rester sur la voie publique ils devront être déclarés
avant qu'on ne commence le déchargement.

§ III. — *Perception sur les Objets de l'intérieur*

ARTICLE 10

Toute personne qui récolte, prépare ou fabrique, dans l'intérieur du rayon de l'Octroi, des objets compris au Tarif, est tenue, sous peine de confiscation des objets récoltés, préparés ou fabriqués, et d'une amende de 100 à 200 francs, d'en faire préalablement la déclaration et, si elle ne réclame la faculté de l'entrepôt, d'acquitter immédiatement le droit.

Les Préposés de l'Octroi reconnaîtront à domicile les quantités récoltées, préparées ou fabriquées, et feront toutes les vérifications nécessaires pour prévenir la fraude.

ARTICLE 11

Les animaux destinés à être abattus seront, s'il y a lieu, marqués au feu, au moment de leur introduction. Ceux qu'on introduira morts, ou qu'on abattra dans l'intérieur des limites, seront marqués au noir, sur les extrémités des quartiers. On ne pourra, dans l'un et dans l'autre cas, se servir d'autres marques que celles déterminées par le Maire.

ARTICLE 12

Tout détenteur, à l'intérieur du rayon de l'Octroi, de mâchefers cendres, scories, ou d'objets en fer, fonte, zinc ou plomb, destinés à la construction, sera tenu, avant de les introduire dans les constructions immobilières quelconques où ils doivent être employés, de faire au Bureau de l'Octroi les déclarations exigées par le Règlement.

ARTICLE 13

Le droit d'Octroi sur les bières fabriquées dans l'intérieur sera perçu sur toutes les quantités livrées à la consommation locale ; décharge sera accordée sur les quantités exportées dans l'état primitif de leur fabrication, pouvant servir de boisson à l'homme, dont la sortie du rayon de l'Octroi aura été régulièrement constatée.

Les brasseurs ne pourront reprendre les bières qu'ils auront livrées sans avoir fait préalablement, au Bureau de l'Octroi le plus voisin, une déclaration indiquant la quantité de bière à reprendre, l'heure exacte de la reprise, le nom et la demeure de la personne chez laquelle elle doit être faite.

Les bières à destination autre que celle d'un brasseur ne sont admises à l'entrepôt que pour les quantités suivantes : à l'entrée, 20 hectolitres ; à la sortie, 50 litres.

A la sortie des brasseries, les bières devront faire l'objet de la déclaration prévue à l'article 50 pour la sortie des entrepôts.

ARTICLE 14

Si les Préposés surprennent des fabrications de bières, cidres, poirés et autres objets tarifés sans déclaration, des communications secrètes avec les voisins, ou des entrepôts frauduleux d'objets soumis à l'Octroi, ils pourront requérir l'assistance d'un officier de police judiciaire, pour obtenir l'ouverture des portes et procéder à leurs constatations. Toutefois, ces visites ne pourront avoir lieu que de jour et sur l'ordre ou en présence du Préposé en chef de l'Octroi.

CHAPITRE II

§ Ier. — *Passe-debout, Transit et Entrepôt*
des Objets soumis aux droits d'entrée du Trésor

ARTICLE 15

Les formalités du passe-debout de l'alcool et des huiles non minérales seront les mêmes, pour l'Octroi, que celles qui sont observées par la Régie des Contributions indirectes ; il en sera de même en ce qui concerne le transit des boissons.

L'entrepôt de l'alcool et des huiles non minérales aura lieu, pour l'Octroi, d'après les mêmes formalités, conditions, et pour les mêmes quantités que celles qui sont fixées à l'égard des droits du Trésor.

En même temps qu'ils solliciteront leur admission à jouir de l'entrepôt, les demandeurs devront présenter comme garantie de recouvrement des droits d'Octroi, une caution solvable qui devra être agréée par le Préposé eu chef et acceptée par le Maire.

Les exercices chez les entrepositaires seront faits par les employés des Contributions indirectes, en conformité de l'article 91 de l'ordonnance du 9 décembre 1814.

§ II. — *Du Passe-debout des Objets*
non sujets aux droits d'entrée du Trésor

ARTICLE 16

Le conducteur d'objets soumis à l'Octroi qui voudra traverser seulement la commune, ou y séjourner moins de vingt-quatre heures, sera tenu de se munir d'un passe-debout.

ARTICLE 17

Pour jouir de l'exemption résultant du passe-debout, les propriétaires, conducteurs ou porteurs d'objets portés au Tarif seront tenus de faire les déclarations prescrites par l'article 4, et d'indiquer, en outre, le lieu du départ et celui de la destination.

ARTICLE 18

Les droits seront consignés ou cautionnés. Ces droits seront rendus, ou la caution déchargée, lorsqu'il aura été justifié de la sortie des objets. Lorsqu'il sera possible de faire escorter les chargements, le conducteur pourra être dispensé de consigner ou de cautionner les droits, mais il devra acquitter les frais d'escorte qui seront réglés de la manière suivante :

40 centimes par conducteur, quel que soit le nombre de voitures qui composent un chargement ; 40 centimes par chaque troupeau de bœufs, vaches, veaux, moutons et porcs, quel qu'en soit le nombre. Il ne pourra être exigé des conducteurs d'autres frais, quelle que soit la distance à parcourir. Il sera délivré un passe-debout pour chaque convoi de voitures, de bestiaux, ou de bateaux accompagné d'une escorte. La durée du passe-debout sera limitée au temps strictement nécessaire pour traverser la ville.

ARTICLE 19

Le produit des rétributions d'escortes sera porté en recette sur un registre à ce destiné, coté et paraphé par le Maire, et tenu par chaque receveur ; le montant en sera versé à la Caisse municipale comme recette accessoire.

ARTICLE 20

Toute substitution et toute altération faite dans la nature ou l'espèce des objets en passe-debout ou en transit, pendant la durée du séjour, fera encourir au contrevenant une amende de 100 à 200 francs, et entraînera, en outre, la confiscation des objets représentés et le paiement d'une somme égale à la différence de leur valeur avec celle des objets reconnus à l'entrée, laquelle sera déterminée d'après le prix moyen dans le lieu sujet.

ARTICLE 21

Les caisses et ballots accompagnés d'acquits-à-caution et portant les plombs et marques des Contributions indirectes ou des Douanes, sont affranchis des visites et vérifications, si les plombs et marques sont reconnus sains et entiers, et dans le cas seulement où les objets resteront sous la surveillance des Employés.

ARTICLE 22

Dans le cas où, par force majeure ou par accident reconnu par les autorités locales, un conducteur sera retenu dans le rayon de l'Octroi au-delà du délai fixé, le passe-debout sera, sur sa déclaration, converti en transit, et les objets seront mis sous la surveillance des Préposés de l'Octroi jusqu'à leur sortie. Les frais de loyer ou de garde, s'il y en a, seront à la charge des déclarants.

ARTICLE 23

En cas de changement de moyens de transport ayant pour effet de rendre plus difficile la vérification à la sortie des objets introduits sur passe-debout, les Employés devront être appelés.

§ III. — *Du Transit des Objets non soumis aux droits du Trésor*

ARTICLE 24

Les déclarations et formalités prescrites pour les objets en passe-debout (excepté en ce qui concerne l'escorte), auront également lieu pour le transit. Les droits seront consignés ou cautionnés. Les objets admis en transit resteront sous la surveillance des Préposés jusqu'au moment du départ. Ils ne pourront être ni déchargés, ni changés de place, sans déclaration préalable.

ARTICLE 25

La durée du transit est fixée à trois jours. Nulle prolongation au-delà de ce terme ne peut avoir lieu que sur l'autorisation du Maire, d'après l'avis du Préposé en chef de l'Octroi et dans le cas d'une nécessité dûment constatée.

ARTICLE 26

Les droits seront restitués ou la caution déchargée, au moment de la sortie. S'il n'était représenté qu'une portion des objets introduits, les droits seraient acquis sur la portion non représentée, à moins toutefois que la vente n'en eût été faite à un entrepositaire, et les objets pris en charge à son compte.

ARTICLE 27

Les objets amenés aux foires et marchés sont assujettis à toutes les formalités du transit.

Vingt-quatre heures après le délai fixé par l'article 25, ou après l'expiration des foires et marchés, les droits consignés seront définitivement acquis à l'Octroi, s'il n'a pas été justifié de la sortie des objets.

ARTICLE 28

Les droits à consigner pour les bestiaux introduits sur passe-debout dans le rayon de l'Octroi, ou ceux à acquitter par les entrepositaires en cas de manquants constatés à leur charge, sont fixés ainsi qu'il suit :

Bœufs et taureaux, par tête . . .	24 »
Vaches et génisses, par tête . . .	20 »
Veaux, par tête	6 80
Moutons et brebis, par tête . . .	2 50
Chèvres, par tête	1 20
Agneaux et chevreaux, par tête . .	1 »
Porcs et sangliers, par tête . . .	5 95

ARTICLE 29

Les voitures et transports militaires chargés d'objets assujettis aux droits sont soumis aux règles ci-dessus prescrites pour le transit et le passe - debout (article

40 de l'ordonnance du 9 décembre 1814). Toutefois, dans le cas où l'emploi de ces formalités pourrait apporter un retard nuisible, les Préposés se borneront à surveiller ou à escorter le convoi.

ARTICLE 30

Les diligences, fourgons, fiacres, cabriolets et autres voitures de louage sont soumis aux visites des Préposés de l'Octroi.

Il en est de même des voitures particulières, suspendues ou non suspendues.

ARTICLE 31

Les individus voyageant à pied ou à cheval ne pourront être arrêtés, questionnés ou visités sur leur personne, ni à raison de leurs effets.

Tout acte contraire à la présente disposition sera réputé acte de violence, et les Préposés qui s'en rendront coupables seront poursuivis correctionnellement et punis des peines prononcées par les lois. Tout individu soupçonné de faire la fraude à la faveur de cette exception pourra être conduit devant un officier de police ou devant le Maire pour y être interrogé, et la visite de ses effets autorisée, s'il y a lieu.

ARTICLE 32

Les courriers ne pourront être arrêtés à leur passage, sous prétexte de la perception ; mais ils seront tenus d'acquitter les droits sur les objets soumis à l'Octroi qu'ils introduiraient pour être consommés dans la localité. A cet effet, les Préposés de l'Octroi seront autorisés à assister au déchargement des malles.

§ IV. — *Des bestiaux entretenus dans le rayon de l'Octroi*

ARTICLE 33

Les propriétaires de bestiaux entretenus dans le rayon

de l'Octroi devront faire leur déclaration au bureau. Il leur sera délivré un permis de circulation indicatif du nombre, de l'espèce et du lieu de passage affecté à la sortie et à la rentrée de ces animaux. Ceux qui seraient introduits au delà du nombre fixé par le permis, et sans déclaration préalable, seront saisis.

ARTICLE 34

Les propriétaires de bestiaux dont il s'agit souffriront les visites et exercices des Préposés de l'Octroi dans leurs étables et bergeries. Il sera fait inventaire de leurs bestiaux, lequel sera suivi de recensement, aux époques déterminées par le Maire.

ARTICLE 35

Ils sont aussi tenus de déclarer d'avance le nombre et l'espèce des animaux qu'ils livreront aux bouchers et charcutiers, ceux qu'ils feront venir du dehors pour les remplacer et ceux qu'ils abattront pour leur consommation personnelle.

Ils déclareront également toute diminution ou augmentation dans le nombre de leurs bestiaux, et pour quelque cause que ce soit.

ARTICLE 36

Les bestiaux morts naturellement, ou exportés hors de la commune, ne sont passibles d'aucun droit. Il sera fait déclaration des premiers, dans le jour de la mort, et des seconds préalablement à leur exportation. Ces déclarations seront vérifiées par les Préposés. A l'époque des recensements, les propriétaires seront tenus d'acquitter les droits pour les bestiaux reconnus manquant à leur charge.

§ V. — *Entrepôt à domicile des Objets non soumis aux droits du Trésor*

ARTICLE 37

Les propriétaires et commerçants sont, en justifiant de

leur qualité, admis à recevoir chez eux et dans leurs magasins, à titre d'entrepôt et sans acquittement préalable des droits, les marchandises soumises à l'Octroi. Toutefois, ils ne pourront jouir de la faculté de l'entrepôt, qu'à la condition de fournir une caution qui sera engagée conjointement avec l'entrepositaire, tant pour les droits des matières assujetties en sa possession lors de la passation de l'acte de cautionnement que pour celles qu'il introduirait pendant le cours de l'entrepôt, déduction faite des quantités exportées du rayon et dont la sortie aura été dûment justifiée et de celles qui resteraient en magasin ; ou, à défaut, le versement d'un cautionnement en numéraire dont le montant sera déterminé par le Maire.

Les admissions à la qualité d'entrepositaire seront prononcées par le Maire. Les cautions devront être également agréées par le Préposé en Chef et acceptées par le Maire. Toutes les contestations qui s'élèveraient relativement à l'admission au bénéfice de l'entrepôt seront portées devant le Maire, qui prononcera, sauf recours au Préfet.

ARTICLE 38

Sont désignés ci-après les objets admis à l'entrepôt à domicile, ainsi que les quantités au-dessous dequelles la faculté de l'entrepôt ne pourra être accordée et le certificat de sortie délivré ;

Savoir :

Les bestiaux sont admis en toutes quantités, ainsi que les objets produits à l'intérieur.

DÉSIGNATION DES OBJETS ADMIS A L'ENTREPOT	MINIMA A L'ENTRÉE	MINIMA A LA SORTIE
Bières	20 Hl.	0 Hl. 50
Vinaigres	6 —	0 — 10
Limonades et eaux gazeuses .	1 —	0 — 10
Lards et viandes salées . . .	250 Kg.	10 Kg.
Conserves de gibiers, de volailles	100 —	5 —
Conserves à l'huile, de légumes, fruits	100 —	5 —
Oranges, Citrons	100 —	10 —
Charbon de bois.	1.000 —	50 —
Charbon de terre	10.000 —	500 —
Cires blanches ou jaunes . .	50 —	5 —
Bougies	100 —	10 —
Avoines	5.000 —	100 —
Foins, fourrages et pailles . .	5.000 —	300 —
Ardoises	5.000 —	150 —
Chaux et plâtre	5.000 —	100 —
Ciment.	5.000 —	100 —
Briques et tuiles en terre cuite.	5 000	500
Briques émaillées, réfractaires.	1 000	300
Tuyaux, boisseaux, mîtres . .	5.000 Kg	100 Kg
Carreaux de terre	100 mq	10 mq
Carreaux céramiques, en ciment	100 —	5 —
Dalles et panneaux en faïence .	50 —	1 —
Métaux et appareils sanitaires.	1.000 Kg	10 Kg
Bois de construction . . . ,	10 mc	0 mc 500
(Le mètre cube de bois en grume est admis à l'entrepôt des bois équarris pour 6/10 de mètre cube).		
Marbres	1/2 mc	0 mc 10
Sables et graviers	50 mc	1 mc
Glaces	1.000 Kg.	une glace
Lattes	100 bott^s	20 bottes
Verres à vitres	1.000 Kg.	10 Kg.
Couleurs et vernis	100 —	10 —
Blancs de Meudon, etc . . .	1.000 —	15 —
Savons de toilette et parfumerie.	100 —	2 —

Les introductions subséquentes pourront avoir lieu en toutes quantités.

ARTICLE 39

Les combustibles et les matières premières à employer dans les établissements industriels et dans les manufactures de l'Etat sont admis à l'entrepôt à domicile.

Toutefois, l'entrepôt ne sera pas accordé pour les matières premières, dans le cas où la somme à percevoir à raison des quantités pour lesquelles elles entrent dans un produit industriel n'atteindrait pas 1/4 0/0 de la valeur de ce produit.

Pour jouir de l'entrepôt à domicile, relativement aux combustibles employés dans les établissements industriels à la préparation de produits destinés au commerce général, le soumissionnaire devra faire entrer une première fois 10.000 kil. au moins.

Les arrivages subséquents pourront avoir lieu en toute quantité.

Décharge sera accordée anx entrepositaires, pour toutes les quantités de combustibles et de matières premières employées dans ces établissements à la préparation ou à la fabrication de produits qui ne sont frappés d'aucun droit par le tarif de l'Octroi du lieu sujet, pourvu que l'emploi ait été préalablement déclaré et qu'il en ait été justifié aux Préposés de l'Octroi chargés de l'exercice des entrepôts ; à défaut de quoi le droit sera perçu sur les quantités manquantes.

Si le produit industriel à la préparation ou à la fabrication duquel sont employés les combustibles ou les matières premières, est imposé au Tarif de l'Octroi, l'entrepositaire n'en obtiendra pas moins l'affranchissement pour le combustible et la matière première employés à la fabrication, mais il payera le droit dû par les produits industriels pour ceux de ces produits qu'il ne justifiera pas avoir fait sortir du lieu sujet.

Décharge sera également accordée, dans les conditions spécifiées aux paragraphes précédents, aux combustibles

employés dans l'exploitation des mines à la production de
la force motrice, ainsi qu'aux bois, fers et matériaux de
toute sorte servant au revètement ou au soutènement des
puits et galeries, pourvu toutefois que la somme à percevoir, à raison des quantités pour lesquelles ces matériaux
concourront à l'exploitation, atteigne 1/4 0/0 de la valeur
du produit extrait.

ARTICLE 40

Les industriels entrepositaires de charbon employé à la
préparation de produits destinés au commerce général ne
pourront en sortir de leur entrepôt aucune quantité sans
qu'au préalable ils aient acquitté le droit au bureau le plus
voisin, si le charbon doit être consommé dans la localité;
si le charbon devait être transporté à l'extérieur du rayon,
ils devraient simplement en faire la déclaration au bureau
de sortie.

Toute contravention au présent article sera réputée
fraude et donnera lieu à la confiscation de la marchandise
et à une amende de 100 à 200 francs.

Les marchands entrepositaires ne pourront obtenir
décharge des combustibles ou matières premières à destination d'industriels jouissant du bénéfice de l'entrepôt
qu'autant que le transport et le déchargement à domicile
auraient été déclarés au préalable.

Les marchands entrepositaires devront faire leur déclaration au bureau central au moins six heures à l'avance.

ARTICLE 41

Lorsque des droits d'octroi auront été acquittés à l'entrée, pour des combustibles ou des matières qui, dans
l'intérieur du lieu sujet, seront employés à la préparation
ou à la fabrication d'un produit industriel livré à la consommation intérieure et imposable, s'il est régulièrement
justifié de ce paiement, le montant desdits droits sera

précompté sur celui des droits dus pour le produit fabriqué.

Toutefois, il n'y aura jamais lieu à remboursement d'aucune portion des droits payés à l'entrée, dans le cas où ils se trouveraient excéder ceux qui sont dus pour le produit fabriqué lui-même.

ARTICLE 42

Ne seront soumis à aucun droit d'octroi les approvisionnements en vivres destinés au service de l'armée de terre, ainsi que la marine militaire ou marchande, et qui ne doivent pas être consommés dans le lieu sujet : les bois, fers, graisses, huiles, et généralement toutes les matières employées pour la confection ou l'entretien du matériel de l'armée de terre, dans les constructions navales, et pour la fabrication d'objets servant à la navigation, les combustibles et toutes autres matières embarquées sur les bâtiments de l'Etat et du commerce pour être consommées ou employées en mer.

Sont affranchis de tous droits d'octroi au moyen de l'entrepôt, dans les conditions prévues par les articles 11 et 12 du décret du 12 février 1870 :

1° Les combustibles et matières employés dans les arsenaux et établissements industriels de la Guerre et de la Marine militaire ainsi qu'à bord des bâtiments de la flotte ;

2° Les matériaux destinés à la construction, à la réfection, à l'entretien et à l'aménagement des ports militaires, fortifications, ouvrages, établissements industriels de la Guerre et de la Marine et les appareils et l'outillage en dépendant ainsi que les matériaux des voies ferrées affectées au service des ports, fortifications, ouvrages et établissements ci-dessus désignés.

Ces approvisionnements et matières seront introduits dans les magasins de la Guerre, de la marine de l'Etat et de la marine marchande, de la manière prescrite pour les objets en entrepôt.

Le compte en sera suivi par les Employés et Préposés désignés à cet effet, et les droits d'Octroi ne seront dus que sur les quantités enlevées pour l'intérieur du lieu sujet, et pour toute autre destination que celle qui est spécifiée ci-dessus.

ARTICLE 43

Les charbons de terre, le coke et tous autres combustibles employés tant par l'administration de la Guerre, pour la fabrication ou l'entretien du matériel de guerre et pour la confection d'objets destinés à être consommés hors du lieu sujet, que par la marine de l'Etat et par la marine marchande pour la confection d'objets destinés à la navigation, seront, comme ceux qui sont employés dans les établissements industriels pour la préparation ou la fabrication d'objets destinés au commerce général, affranchis, au moyen de l'entrepôt, du paiement de tous les droits d'Octroi.

ARTICLE 44

Les combustibles et matières destinés au service de l'exploitation des chemins de fer, aux travaux des ateliers et à la construction de la voie seront affranchis de tous droits d'Octroi.

En conséquence, les dispositions relatives à l'entrepôt à domicile des combustibles et matières premières employés dans les établissements industriels à la préparation et à la fabrication des objets destinés au commerce général, sont applicables aux fers, bois, charbons, coke, graisses, huiles, et, en général, à tous les matériaux employés dans les conditions ci-dessus indiquées.

En dehors de ces conditions, tous les objets portés au tarif, qui seront consommés dans les gares, salles d'attente et bureaux, seront soumis aux taxes locales.

Les dispositions qui précèdent sont applicables à la construction et à l'exploitation des lignes télégraphiques.

Article 45

L'abonnement annuel pourra être demandé pour les combustibles et matières admis à l'entrepôt, aux termes des articles 39, 40, 42, 43 et 44.

Les conditions de l'abonnement seront réglées de gré à gré entre le Maire et le redevable.

L'abonnement aura pour effet de rédimer l'entrepositaire des droits d'octroi qui pourraient être dus sur les quantités de combustibles et de matières premières employées en dehors des conditions de préparation ou de fabrication industrielle et représentant la consommation dans les ateliers, remises, magasins, bureaux, maisons d'habitation ou autres dépendances en communication avec le siège de l'entrepôt.

Article 46

Les entrepositaires seront tenus de fournir aux employés de l'Octroi et de mettre à leur disposition les hommes et les ustensiles nécessaires pour faciliter la reconnaissance et le pesage, mesurage ou jaugeage des quantités restant en entrepôt, afin que ces Préposés puissent établir le compte des droits dus sur les manquants reconnus, et dont la sortie ou l'emploi n'aurait pas été justifié.

Article 47

Si les entrepositaires refusaient de se conformer aux obligations qui leur sont imposées par l'article précédent, il serait procédé d'office, à leurs frais, aux vérifications dont il s'agit, et, outre la saisie et l'amende encourues pour le cas de fraude dûment constaté, ils seraient passibles des peines prévues par l'article 70 du présent Règlement pour le fait d'empêchement aux exercices.

Article 48

Indépendamment des obligations ci-dessus mentionnées

et des autres conditions qui leur sont imposées, lesdits entrepositaires seront tenus de diviser leurs magasins en cases régulières d'un cubage facile et d'une contenance déterminée.

ARTICLE 49

Les conditions pour l'entrepôt sont : de faire une déclaration par écrit, au bureau de l'Octroi, avant l'entrée des objets entreposés, pour ceux venant de l'extérieur, et immédiatement après la récolte ou après chaque préparation ou fabrication pour les objets récoltés ou produits à l'intérieur du rayon de l'Octroi ; de permettre les visites et exercices des Préposés ; de leur ouvrir, à toute réquisition, les caves, magasins et autres lieux de dépôts ; et de faire, de la manière et dans les formes voulues par le présent Règlement, les déclarations d'expéditions pour le dehors et pour l'intérieur.

Les industriels qui profitent de la faculté d'entrepôt, pour les combustibles et les matières premières, en vertu de l'article 39 du Règlement, devront, s'ils n'ont pas obtenu l'abonnement, faire la déclaration des quantités de combustibles ou de matières premières qu'ils sont dans l'intention d'employer à cet usage.

ARTICLE 50

Les détaillants ne sont pas admis à l'entrepôt à domicile ; toutefois, les marchands en gros ou demi-gros pourront jouir de cette faculté, alors même qu'ils feraient, dans les mêmes magasins, des ventes au détail.

ARTICLE 51

Toute expédition d'objets entreposés ne pourra avoir lieu qu'aux heures indiquées par l'article 3 du présent Règlement et devra, avant l'enlèvement desdits objets, être déclarée au bureau de l'Octroi. Les droits seront acquittés sur-le-champ, pour les objets destinés à la consommation

locale. Quant aux objets expédiés pour l'extérieur, ils seront
représentés aux Préposés de l'Octroi, lesquels, après vérification des quantités et espèces, délivreront un certificat de
sortie.

ARTICLE 52

Les Préposés de l'Octroi tiennent un compte d'entrée et
de sortie des marchandises entreposées ; à cet effet, ils
peuvent faire, à domicile, dans les magasins, chantiers,
caves, celliers des entrepositaires, toutes les vérifications
nécessaires pour reconnaître les objets entreposés, constater les quantités restantes, et établir le décompte des
droits dus sur celles pour lesquelles il n'est pas représenté
de certificat de sortie. Ces droits doivent être acquittés immédiatement par les entrepositaires, et, à défaut, il est
décerné contre eux des contraintes qui sont exécutoires
nonobstant opposition et sans y préjudicier.

ARTICLE 53

Tout refus de souffrir les visites, vérifications et exercices des Préposés de l'Octroi, sera constaté par procès-
verbal. Les prétextes d'absence seront réputés refus for-
mel. Les Préposés, après avoir déclaré procès-verbal, pourront requérir l'assistance d'un officier de police, faire ouvrir
en sa présence les caves, celliers ou magasins et procéder
aux vérifications prescrites par les articles précédents.

ARTICLE 54

La durée de l'entrepôt est illimitée.

CHAPITRE III

Contentieux

ARTICLE 55

Toutes contraventions aux dispositions du présent
Règlement seront constatées par des procès-verbaux, les-

quels seront dressés à la requête du Maire. Ils pourront
être rédigés par un seul Préposé et feront foi en justice jusqu'à preuve contraire

ARTICLE 56

Ils énonceront la date du jour où ils seront rédigés, la
nature de la contravention, et en cas de saisie, la déclaration qui en aura été faite au prévenu ; les noms, qualité
et résidence de l'employé verbalisant et de la personne
chargée des poursuites ; l'espèce, le poids ou la mesure des
objets saisis ; leur évaluation approximative ; la présence
de la partie à leur description, ou la sommation qui lui aura
été faite d'y assister ; le nom, la qualité et l'acceptation du
gardien ; le lieu de la rédaction du procès-verbal et l'heure
de la clôture.

Si le prévenu est présent à la rédaction et s'il en fait la
demande, copie de cet acte lui sera remise sur papier libre
et portera cette mention ; « Copie délivrée à titre de simple
renseignement ».

ARTICLE 57

Dans le cas où le motif de la saisie porterait sur le faux
ou l'altération des expéditions, le procès-verbal énoncera
le genre de faux, les altérations ou surcharges. Lesdites
expéditions, signées et paraphées, resteront annexées au
procès-verbal, qui contiendra la sommation faite à la partie, de les parapher et sa réponse.

ARTICLE 58

La saisie et la confiscation s'étendront aux futailles,
caisses, enveloppes, paniers et sacs renfermant les objets
en fraude ou en contravention.

ARTICLE 59

Les objets saisis seront déposés au bureau le plus voisin.
Ils pourront néanmoins, s'il y a lieu, être mis en fourrière.

ARTICLE 60

Si la partie saisie ne s'est pas présentée dans les dix jours, à l'effet de payer ou consigner l'amende encourue, ou si elle n'a pas formé, dans le même délai, opposition à la vente, cette vente sera faite par le Receveur cinq jours après l'apposition, à la porte de la Mairie et autres lieux accoutumés, d'une affiche signée de lui et sans aucune autre formalité.

ARTICLE 61

Néanmoins si la vente des objets saisis est retardée, l'opposition pourra être formée jusqu'au jour indiqué pour ladite vente. L'opposition sera motivée et contiendra assignation à jour fixe devant le tribunal correctionnel, avec élection de domicile dans le lieu où siège le tribunal. Le délai de l'assignation ne pourra excéder trois jours.

ARTICLE 62

Dans le cas où les objets saisis seraient sujets à dépérissement, la vente pourra être autorisée avant l'échéance des délais ci-dessus fixés, par une simple ordonnance du Juge de Paix sur requête.

ARTICLE 63

L'action résultant des procès-verbaux en matière d'octroi, et les questions qui pourront naître de la défense du prévenu, seront de la compétence exclusive du tribunal correctionnel.

ARTICLE 64

En cas de nullité du procès-verbal et si la contravention se trouve suffisamment établie par d'autres preuves ou par l'instruction, la confiscation des objets saisis ne sera pas moins encourue.

ARTICLE 65

Le Maire sera autorisé, sauf l'approbation du Préfet, à

faire remise, par voie de transaction, de la totalité ou de partie des condamnations encourues, même après le jugement rendu.

ARTICLE 66

Toutes les fois que la saisie aura été opérée dans l'intérêt commun des droits d'octroi et des droits imposés au profit du Trésor, le procès-verbal devra être rédigé à la requête du Directeur des Contributions indirectes. A cet employé supérieur appartiendra aussi, dans ce cas, le droit d'intenter les poursuites et de transiger d'après les règles propres à son administration.

ARTICLE 67

Le produit des amendes et confiscations pour contraventions au Règlement de l'Octroi, déduction faite des frais et prélèvements autorisés, sera attribué, moitié aux Employés de l'Octroi, pour être répartie d'après le mode qui sera arrêté, et moitié à la Commune.

ARTICLE 68

S'il s'élève une contestation sur l'application du Tarif ou sur la quotité du droit réclamé, le porteur ou conducteur sera tenu de consigner, avant tout, le droit exigé entre les mains du Receveur ; faute de quoi il ne pourra passer outre ni introduire l'objet qui a donné lieu à la contestation, sauf à lui à se pourvoir devant le Juge de Paix du canton. Il ne pourra être entendu qu'en représentant la quittance de ladite consignation au Juge de Paix, lequel prononcera, sommairement et sans frais, soit en dernier ressort, lorsque la somme demandée ne s'élèvera pas au-dessus de 300 francs, soit à la charge d'appel pour les autres affaires.

ARTICLE 69

Les contraintes pour les recouvrements des droits d'Octroi seront décernées par le Receveur, visées par le Maire et rendues exécutoires par le Juge de Paix.

Les oppositions auxdites contraintes seront instruites et jugées conformément aux dispositions prescrites par l'article précédent, et la partie opposante sera tenue également de justifier, avant d'être entendue, de la consignation entre les mains du Receveur du montant de la somme contestée.

ARTICLE 70

Toute personne qui s'opposera à l'exercice des fonctions des Préposés de l'Octroi sera condamnée à une amende de 50 francs, indépendamment de la confiscation des objets saisis, lorsqu'il y aura lieu, et à une amende de 100 à 200 fr. prononcée pour le cas de fraude.

En cas de voie de fait, il en sera dressé procès-verbal qui sera envoyé au Procureur de la République pour en poursuivre les auteurs et leur faire infliger les peines portées par le Code pénal contre ceux qui s'opposent avec violence à l'exercice des fonctions publiques.

ARTICLE 71

Les propriétaires de tous objets compris au Tarif seront responsables du fait de leurs facteurs, agents et domestiques, en ce qui concerne les droits, confiscations, amendes et dépens, lorsque la contravention aura été commise dans les fonctions auxquelles ils auront été employés par leurs maîtres, conformément à l'article 1384 du Code civil.

Les pères, mères ou tuteurs seront garants des faits de leurs enfants ou pupilles mineurs, non émancipés et demeurant chez eux.

Seront également responsables les propriétaires ou principaux locataires, relativement à la fraude qui se commettrait dans leurs maisons, clos, jardins et autres lieux par eux personnellement occupés, s'ils sont convaincus de l'avoir favorisée ou d'y avoir participé.

CHAPITRE IV

Personnel

ARTICLE 72

Quel que soit le mode de perception, toutes personnes dirigeant l'Octroi seront tenues de permettre le concours des Employés des Contributions indirectes, dans tous les cas où il doit avoir lieu ; de leur laisser faire les vérifications et opérations relatives à leur service ; de donner communication de tous états, bordereaux et renseignements dont ils auront besoin.

ARTICLE 73

Les Préposés de l'Octroi seront tenus, sous peine de destitution, d'exiger de tout conducteur d'objets soumis aux Contributions indirectes la représentation des congés, passavants, acquits-à-caution, lettres de voitures et autres expéditions ; de vérifier les chargements ; de rapporter procès-verbal des fraudes ou contraventions qu'ils découvriront ; de concourir au service des Contributions indirectes toutes les fois qu'ils en seront requis, sans toutefois pouvoir être déplacés de leur service ordinaire ; enfin de remettre chaque jour à l'employé supérieur des Contributions indirectes un relevé des objets soumis aux droits du Trésor, qui auront été introduits.

Les Employés des contributions indirectes concourront également à la surveillance du service de l'Octroi, et rapporteront procès-verbal pour les fraudes et contraventions relatives aux droits d'Octroi qu'ils découvriront.

ARTICLE 74

Les Préposés de l'Octroi se serviront, pour constater le volume et le degré des liquides, des instruments dont les Employés des Contributions indirectes font usage.

ARTICLE 75

Les Préposés de l'Octroi devront toujours être porteurs de leur commission, et seront tenus de la représenter lorsqu'ils en seront requis.

ARTICLE 76

Le port d'armes est accordé anx Préposés de l'Octroi, dans l'exercice de leurs fonctions. Ceux qui abuseraient de cette faculté seront destitués, sans préjudice des poursuites judiciaires auxquelles ils auront donné lieu.

ARTICLE 77

Les Préposés d'Octroi ne pourront ni faire le commerce des objets tarifiés, ni s'intéresser à ce commerce, soit comme associés, soit comme bailleurs de fonds ou commanditaires.

Tout Préposé qui favorisera la fraude, soit en recevant des présents, soit de toute autre manière, sera mis en jugement et condamné aux peines portées par le Code pénal contre les fonctionnaires publics prévaricateurs.

ARTICLE 78

Les Préposés d'Octroi qui seraient signalés comme remplissant mal leurs fonctions, ou comme ayant donné lieu à des plaintes graves, pourront être suspendus par le Préfet, ou même révoqués par lui.

Le directeur Général des Contributions indirectes pourra, pour les mêmes motifs, provoquer la révocation de ces agents.

ARTICLE 79

Les Préposés de l'Octroi sont placés sous la protection de l'autorité publique. Il est défendu de les injurier, maltraiter, et même de les troubler dans l'exercice de leurs fonctions, sous les peines de droit. La force armée est tenue de leur prêter secours et assistance toutes les fois qu'elle en sera requise.

DISPOSITIONS GÉNÉRALES

ARTICLE 80

Tous les registres employés à la perception et au service de l'Octroi seront fournis par la Régie des Contributions indirectes ; la dépense lui en sera remboursée par la commune ; les perceptions ou déclarations y seront inscrites sans interruption ni lacune. Les expéditions qui en seront détachées seront marquées du timbre des Contributions indirectes, dont le prix, fixé par la loi, sera acquitté par les redevables et le montant versé dans les caisses de cette administration, aux époques et de la manière qu'elle indiquera.

ARTICLE 81

Les registres servant à la perception des droits de circulation sur les vins, cidres, poirés, hydromels, ceux servant à la perception des droits d'entrée sur l'alcool et sur les huiles non minérales ; aux déclarations de passe-debout, de transit, d'entrepôt et de sortie pour les mêmes boissons et liquides ; ceux qui sont employés pour recevoir les déclarations de mise de feu de la part des brasseurs et distillateurs ; enfin les registres portatifs tenus pour l'exercice de redevables soumis en même temps au droits d'Octroi et à ceux dus au Trésor, — seront communs aux deux services.

ARTICLE 82

Dans tous les cas non prévus au présent Règlement, on s'en référera aux lois et règlements généraux en vigueur sur les Octrois.

TARIFS

Nᵒˢ d'ordre	DÉSIGNATIONS DES OBJETS	MESURES POIDS ET NOMBRES	DROITS A percevoir
	BOISSONS ET LIQUIDES		
1	Vins en cercles	l'hectolitre	2 »
2	Vins en bouteilles	la bouteille	0 30
3	Cidres, poirés et hydromels . .	l'hectolitre	1 15
4	Alcools purs contenus dans les eaux-de-vie, esprits, liqueurs et fruits à l'eau-de-vie, absinthes et autres liquides alcooliques non dénommés	—	52 »
5	Alcool pur contenu dans les vermouths, vins de liqueur ou d'imitation,		
	au-dessus de 15 degrés . . .	—	52 »
	jusque 15 degrés	—	26 »
6	Alcool pur contenu dans les vins ayant une force de 15 à 21 degrés autres que les vermouths, vins de liqueur ou d'imitation	—	104 »
7	Bières	—	1 50
8	Vinaigres contenant jusqu'à 8 % d'acide acétique, et conserves au vinaigre	—	4 50
9	Vinaigres contenant plus de 8 % d'acide acétique, acides acétiques pyroligneux et vinaigres de toilette.	—	30 »
10	Limonades et eaux gazeuses, eaux minérales naturelles et factices de toute espèce et de toute provenance, autres que celles ayant un caractère exclusivement médicinal . . .	l'hectolitre	1 15

OBSERVATIONS

(2) Pour la perception, la bouteille commune est considérée comme litre, et la demi-bouteille comme demi-litre en ce qui concerne les vins, cidres, poirés et hydromels (Art. 145 de la loi du 28 Avril 1816).

(4, 5, 6, 7) Les eaux-de-vie, esprits et liqueurs sont imposables d'après la capacité réelle des bouteilles (Art. 9 de la loi du 27 Juillet 1870). Il en est de même des bières, vinaigres et autres liquides (Circ. n° 549 du 1er Mars 1889).

(4) Les absinthes ou similaires sont passibles des droits de consommation, d'entrée et d'octroi pour leur force alcoolique totale, avec un minimum de perception de 65 degrés (Art. 17 de la loi du 25 Décembre 1908).

(5) Les vermouths, vins de liqueurs ou d'imitation et les mistelles autres que celles prises en charge pour la fabrication des vermouths, vins de quinquina et similaires, ne sont pas assujettis à la taxe afférente aux vins, ils sont imposés pour la force alcoolique totale, avec un minimum de perception de 16° pour les vermouths et de 15° pour les vins de liqueurs ou d'imitation et les mistelles précitées, et sont passibles des demi-droits d'octroi jusqu'à 15° et des droits pleins au-dessus de 15° (Art. 21 de la loi du 13 Avril 1898 et art. 11 de celle du 30 Janvier 1907).

(6) Les vins autres que ceux désignés au § précédent qui présentent une force alcoolique supérieure à 15° sont imposables comme vins et passibles, en outre, du double droit d'octroi pour la quantité d'alcool comprise entre 15 et 21°. S'ils titrent plus de 21°, ces vins sont imposés comme alcool pur. (Art. 3 de la loi du 1er Septembre 1871).

(1 et 3) Les vendanges et les fruits à cidre ou à poiré seront soumis aux droits, à raison de trois hectolitres de vendange pour deux hectolitres de vin et de cinq hectolitres de pommes ou poires pour deux hectolitres de cidre ou de poiré.

(3) Les fruits secs destinés à la fabrication du cidre ou du poiré seront imposés à raison de vingt-cinq kilogrammes de fruits pour un hectolitre de cidre ou de poiré.

(4) Les eaux-de-vie ou esprits altérés par un mélange autre que ceux déterminés par le Comité des Arts et Manufactures, sont soumis aux mêmes droits que les eaux-de-vie ou esprits purs.

(1) Les fruits secs destinés à la fabrication du vin seront imposés à raison de trois hectolitres de vin par 100 kilogrammes (Art. 12 de loi du 17 Juillet 1889).

(8) Les vinaigres contenus dans la moutarde non accompagnée d'expédition de la régie sont taxés à raison de un litre de vinaigre pour 2 kilos.

(8) Les conserves au vinaigre paieront le droit comme vinaigre sans déduction des légumes ou des fruits.

Nᵒˢ d'ordre	DÉSIGNATIONS DES OBJETS	MESURES POIDS ET NOMBRES	DROITS A percevoir
	COMESTIBLES Viandes dépecées provenant du dehors ou sortant de l'Abattoir.		
11	Bœuf, vache, taureau, bouveau et génisse	les 100 kilos	8 »
12	Mouton et veau, agneau et chevreau	—	10 »
13	Chèvre	—	4 »
14	Porc	—	7 »
15	Cochon de lait	—	8 40
16	Abats et issues, débris. . . .	—	4 »
17	Charcuterie, jambons, saucissons, conserves de viande, de langues de bœuf et de porc, tripes cuites, viandes fumées, cuites ou marinées, etc	—	10 »
18	Conserves et Pâtés de gibiers, d'alouettes, de volailles, d'ortolans, crêtes de coqs, de foies d'oies, de canards, de poulets en terrines, foies gras naturels, quenelles, rognons non truffés, et extraits de viande de toute espèce.	le kilo	0 40
19	Truffes fraîches ou conservées, pâtés truffés, de gibiers, de volailles, poissons truffés, volailles truffées et conserves de toute espèce truffées	—	1 »
20	Lards et viandes salées . . .	les 100 kilos	7 »
21	Dindes, oies et pintades . . .	la pièce	0 50
22	Poules, poulets, canards domestiques	—	0 20
23	Lapins domestiques.	—	0 20
24	Pigeons de volière et bizets . .	—	0 05
25	Volailles non dénommées. . .	le kilo	0 20
26	Cerfs, chevreuils, daims, rennes et sangliers	—	0 30

Nos d'ordre	DÉSIGNATIONS DES OBJETS	MESURES POIDS ET NOMBRES	DROITS A percevoir
27	Lièvres et coqs de bruyères . .	la pièce	0 60
28	Lapins de garenne	—	0 20
29	Faisans, oies et canards sauvages.	—	0 30
30	Bécasses, perdrix, ramiers, poules d'eau, sarcelles, pilets et râles rouges	—	0 15
31	Bécassines, cailles, grives, merles, pluviers, plongeons, râles de genêts et vanneaux. . . .	—	0 05
32	Alouettes et ortolans . . .	les 10 unités	0 10
33	Gibiers non dénommés ci-dessus	le kilo	0 30
34	Poissons frais de mer (Première catégorie), homards, langoustes, crevettes dites bouquet, esturgeons, turbots, bars, barbues, soles, surmulets ou rougets-barbets, mulets.	—	0 30
35	Poissons de mer (2e catégorie), raies (à l'exception des raies communes, raie Saint-Pierre, raie-terre, raie-souris), merlans, maquereau, congre, dorade, Saint-Pierre ou poule de mer, sole-perdrix, limande, limande-sole, carlet ou plie, lotte ou marache, rascassé, langoustine, crevette-grise, coquille Saint-Jacques	—	0 06
36	Poissons d'eau douce (1re catégorie) Saumons truites, écrevisses	—	0 35
37	Poissons d'eau douce (non dénommés en 1re catégorie), escargots préparés et conserves de poissons, à l'huile, au beurre ou autres	—	0 15
38	Huîtres { Portugaises et petites gravières	—	0 10
	Marennes, Ostendes et similaires, fraîches ou conservées. . .	—	0 20

Nos d'ordre	DÉSIGNATIONS DES OBJETS	MESURES POIDS ET NOMBRES	DROITS A percevoir
39	Conserves de fruits et de légumes, olives, fruits secs, tels que raisins, amandes, figues, dattes, pruneaux, pommes et poires sèches, etc., amandes et noisettes, cassées ou non, fraîches ou sèches	le kilo	0 15
40	Oranges, citrons, limons, fruits exotiques tels que bananes grenades, ananas, noix de coco, cacaouettes, kernels, marrons, châtaignes, noix	les 100 kilos	6 »

OBSERVATIONS

(11 à 14) Les langues et cervelles de tous les animaux, les rognons, foies, ris, têtes de veaux et de porcs, paieront comme viandes.

(18, 19, 35) La tare à appliquer sera de :

50 o/o pour les conserves en terrines ou pots en verre ou en grès ;

30 o/o pour les conserves en boîtes de fer blanc et en caisse ;

20 o/o pour les conserves en boîtes de fer blanc seulement.

(21, 22, 23) Les volailles et lapins dépecés seront imposés à raison de o fr. 20 le kilog.

Les poussins d'oies, de poules et de canards qui viennent de naître ne paieront que le quart du droit applicable à chaque espèce.

Les petits lapins pesant moins de 500 grammes destinés à l'élevage ne paieront que demi-taxe.

(26) Lorsque le gibier sera introduit muni de sa peau, aucune déduction ne sera accordée.

(34, 35, 36) Lorsque le poisson sera mélangé, il sera perçu à la taxe la plus élevée. — Les poissons frais de mer non-dénommés ci-dessus sont exempts (3e catégorie).

La morue salée, le maquereau salé, le stockfisch, le hareng saur ou salé, sont également exempts du droit, ainsi que le poisson blanc d'eau douce, brèmes, gardons et goujons.

Les escargots non préparés paieront demi-droit.

(38) Ne seront considérées comme petites gravières que les huîtres dont le poids n'excédera pas un kilog pour 30 unités.

(39) Sont seules imposées les conserves de légumes enfermées dans des récipients hermétiquement clos

(40) Les marrons, noix et châtaignes paieront demi-taxe.

Nos d'ordre	DÉSIGNATIONS DES OBJETS	MESURES POIDS ET NOMBRES	DROITS A percevoir
	COMBUSTIBLES		
41	Bois à brûler { dur	le stère	1 50
	tendre	—	1 20
42	Choques, racines, souches, copeaux et débris d'abatage . .	—	0 80
43	Fagots, bourrées et cotrets . .	le cent.	2 50
44	Visites ou petits { grandes . .	—	0 50
	fagots { petites. . .	—	0 25
45	Charbon de bois et ses dérivés, charbon de Paris et tourbe calcinée, briquettes agglomérées.	les 100 kilos	1 50
46	Charbons de terre. coke, tourbe, lignite, anthracite et tous autres combustibles minéraux . . .	—	0 20
47	Cires blanches ou jaunes, cérésine.	—	20 »
48	Bougies et ciérges, spermaceti, acide stéarique et margarique, paraffine et autres substances pouvant remplacer la cire . .	—	16 «

OBSERVATIONS

(41) Les bois et planches de déchirage seront taxés comme bois à brûler tendre ; les bois de démolition comme bois à brûler selon leur essence, à la condition qu'ils soient présentés réduits à la longueur d'usage des bois à brûler, autrement ils paieraient comme bois de construction.

Les bois à brûler introduits mélangés de bois dur et tendre seront perçus comme bois dur sur tout le chargement.

(46) Le coke fabriqué à l'intérieur avec du charbon qui aura payé le droit d'octroi sera affranchi de la taxe.

Nᵒˢ d'ordre	DÉSIGNATIONS DES OBJETS	MESURES POIDS ET NOMBRES	DROITS A percevoir
	FOURRAGES		
49	Foin, sainfoin, trèfle, luzerne et autres fourrages secs	les 100 kilos	0 60
50	Pailles de toute espèce et tourbe pour litières	—	0 45
51	Avoines en grains, moulues ou concassées	—	1 50

OBSERVATIONS

(49) Les fourrages verts sont exempts de la taxe.

(50) Les pailles encore munies de leurs grains ne paieront que pour les 2/3 de leur poids.

Pour la paille d'avoine, le troisième tiers paiera comme avoine.

N^{os} d'ordre	DÉSIGNATIONS DES OBJETS	MESURES POIDS ET NOMBRES	DROITS A percevoir
	MATÉRIAUX		
52	Chaux vive du pays	l'hectolitre	0 10
53	Chaux de toute espèce et de toute provenance, terres réfractaires, coulis réfractaires. . -	les 100 kilos	0 40
54	Ciments de toute espèce, fibrociment, ouvrages en ciment et agglomérés de ciment autres que les carreaux entrant dans les constructions immobilières.	—	1 20
55	Plâtre et objets en plâtre, sable-mortier coloré pour la construction immobilière	—	0 50
56	Moëllons, pavés, meulières, taillés ou non, sable, graviers, cailloux, mâchefers, scories et cendres	le m. cube	0 35
57	Pierres de taille et similaires naturelles ou factices, grès à bâtir { dures . .	—	3 50
	{ tendres. .	—	2 80
58	Marbres et granits	—	14 »
59	Fers, fontes, aciers, métaux ferro-aciéreux, tôles galvanisées, étamées ou non, zinc, plomb, cuivre et tous alliages de ces divers métaux destinés aux constructions immobilières . .	les 100 kilos	2 50
60	Ardoises pour toitures	—	1 »
61	Briques ordinaires et tuiles plates en terre-cuite	le mille	2 50
62	Briques émaillées, vernissées, réfractaires, moulurées, blanches, silico-calcaires, briques creuses, et en aggloméré de chaux, briques en liège et tuiles-pannes mécaniques . . .	—	5 »

N°s d'ordre	DÉSIGNATIONS DES OBJETS	MESURES POIDS ET NOMBRES	DROITS A percevoir
63	Pièces réfractaires autres que les briques, tuyaux en terre, en grès, vernissés ou non, boisseaux, wagons et analogues, mîtres, mîtrons, lanternes, faîtières, arêtiers, poinçons et tous autres raccords pour canalisations ou couvertures, et autres ornements divers en terre cuite destinés à des constructions immobilières . . .	les 100 kilos	0 60
64	Eviers, cuvettes, syphons, appareils sanitaires en faïence, porcelaine, en grès, pour la construction immobilière	—	2 50
65	Carreaux en terre cuite. . . .	le m. carré	0 20
66	Carreaux céramiques, carreaux en ciment ou en asphalte comprimé, carreaux et panneaux en liège	—	0 40
67	Dalles et carreaux de pierre de toute espèce, carreaux, panneaux, etc., en marbre, ardoise, grès émaillé, faïence, porcelaine, opaline ou autres matériaux analogues pour revêtements ou autres décorations intérieures ou extérieures des constructions immobilières, mosaïques en marbre et agglomérés de marbre ou similaires.	—	0 60
68	Bois de charpente ou de menuiserie.　dur	le m. cube	5　»
	tendre . . .	—	3 75
69	Bois en grume　dur	—	3 75
	tendre . .	—	2 80
70	Verres à vitres ordinaires et tous autres, sauf les glaces, et objets en verre entrant dans la construction immobilière ,		

N^{os} d'ordre	DÉSIGNATIONS DES OBJETS	MESURES POIDS ET NOMBRES	DROITS A percevoir
	tuiles, dalles, etc.	les 100 kilos	3 »
71	Glaces et objets de glace, plaques de propreté etc. . . .	—	9 »
72	Lattes	les 100 bott^s	7 »

OBSERVATIONS

(52, 53, 55) Les pierres à chaux ou à plâtre seront imposées en raison de la chaux ou du plâtre qu'elles contiennent.

(54) Les objets en ciment « au'res que les carreaux et le fibro-ciment » paieront la taxe du ciment à raison de 50 o/o de leur poids.

(55) Les moulures, rosaces, carton-pierre plâtrés, ouvragés, tels que le staf, le stuc, la métalline, etc., paieront double taxe.

(56) Les sables, graviers, mâch' fers, cendres et cailloux, destinés à la confection des chemins publics sont affranchis de la taxe.

(57) Les pierres ayant o m. 04 à 0 m. 12 d'épaisseur seront considérées comme dalles.

(58) Lorsque le cubage du marbre présentera des difficultés, la taxe sera appliquée au poids à raison de 2.700 kilogs le mètre cube.

Les marbres faisant partie des meubles ne seront pas imposables, pas plus que les meubles eux-mêmes

(59) Le cuivre et ses alliages destinés aux constructions immobilières paieront double taxe. Les métaux entrant dans la construction des machines et de leurs organes de transmission sont exempts du droit.

Pour les métaux pouvant être employés dans les constructions immobilières ou dans la fabrication d'objets mobiliers, on pourra, afin d'éviter le paiement de la taxe, recourir à l'entrepôt, à charge par l'entrepositaire de justifier que lesdits métaux n'ont pas été employés aux constructions immobilières.

(61, 62) Ces taxes s'appliquent aux briques et briquettes ayant des dimensions ordinaires de o m. 22 × o m. 11 × o m. 065 et au-dessous. Celles ayant des dimensions supérieures seront taxées proportionnellement à leur volume.

Les tuiles mécaniques ayant une surface supérieure à 0 m. 29 sur 0 m. 22 paieront proportionnellement à leur surface.

(63) Les tuyaux servant au drainage sont exempts des droits d'octroi. L'emploi devra en être justifié par les cultivateurs qui en feront usage.

(68) Les bois préparés et les ouvrages façonnés en bois venant du dehors seront assujettis aux droits d'octroi comme bois pleins équarris sans égard aux creux et vides, suivant leur essence.

Sont considérés comme bois tendre : le sapin, le peuplier, le saule, le tilleul, le platane, l'aulne, le marronnier, le tremble et le bouleau.

Sont considérés comme bois dur : le châtaignier, l'orme, le frêne, le hêtre, l'acacia, le noyer, le cornouiller, le charme, l'acajou, le chêne et généralement tous les arbres fruitiers et les bois exotiques.

(72) La botte de lattes est de 50 avec une longueur moyenne de 1 m. 33.

Les treillages, voliges, échalas, barreaux, perches de toute nature, seront imposés comme bois tendre et au mètre cube.

N[os] d'ordre	DÉSIGNATIONS DES OBJETS	MESURES POIDS ET NOMBRES	DROITS A percevoir
	OBJETS DIVERS		
73	Savons de toilette et parfumerie	les 100 kilos	24 »
74	Vernis de toutes espèces, couleurs en pâtes ou préparées à l'huile, acide oléique ou autrement, essences de toute nature et tous autres liquides pouvant être employés comme essence ; blanc de céruse, blanc de zinc, siccatifs liquides ou en poudre de toute nature et toutes autres couleurs en pierre ou en poudre, tels que ocre, sulfate de baryte, chromate de plomb ; terre de Sienne, rocou, minium, silicate de potasse, silice en poudre, salpêtrivore, myricire, résinol, encaustique à parquets, carboline, carbolinéum, litharge, antimoine et autres liquides ou éléments de couleurs, goudron de Norvège, lithopone, maxoline, hydrofuge, stonite, marolite, basaltine, vitrolin, écliptol, brillants oriental et florentin, etc. . .	—	7 »
75	Blancs de Meudon, de Paris, d'Espagne, blancs gélatineux destinés au badigeonnage et tous autres blancs fixes pour le même usage, mastics . . .	—	3 »
76	Asphaltes, bitumes purs ou mélangés, ciments volcaniques, et tous autres produits similaires, cartons et feutres bitumés, brairésine, goudrons de gaz et ses résidus.	—	1 20

OBSERVATIONS

(73) Sont considérés comme parfumerie : les graisses parfumées, cosmétiques, poudres et pâtes de toilette, eaux et huiles de senteurs non alcoolisées, teintures parfumées ou non, eaux de toilette de toute sorte odoriférantes ou non. poudres dentifrices, champoing. eau a'nmoniacale, eau alsacienne et toutes autres préparations de parfumerie.

(76) Les cartons et feutres bitumés paieront demi-taxe

OBSERVATIONS GÉNÉRALES

Les quantités inférieures à celles déterminées au présent tarif seront imposées proportionnellement.

Aucune déduction ne sera accordée pour les vides existant dans les chargements d'objets se mesurant au stère, au mètre cube et à l'hectolitre.

Saint-Quentin, le 2 Janvier 1914.

Le Maire de Saint-Quentin,

Chevalier de la Légion d'honneur,

Dr MULLER.

---

www.ingramcontent.com/pod-product-compliance
Lightning Source LLC
Chambersburg PA
CBHW061336060726
47596CB00003B/1283